AF235600

Was Ihr Euren Kindern antut, wenn Ihr sie von den Großeltern trennt

Was Ihr Euren Kindern antut, wenn Ihr sie von den Großeltern trennt

Marianne und Reinhard Kopp

Bibliografische Information der Deutschen Nationalbibliothek: Die Deutsche Nationalbibliothek verzeichnet diese Publikation in der Deutschen Nationalbibliografie; detaillierte bibliografische Daten sind im Internet über http://dnb.dnb.de abrufbar.

Edition GroßelternAkademie

www.grosselternakademie.de

Herstellung und Verlag: BoD – Books on Demand, Norderstedt

ISBN: 978-3-7534-2534-4

Diesen

„Schuh sich anziehen"

dürfen solche Eltern,

die willkürlich,

– aus welchen Gründen auch immer –

jeglichen Kontakt

ihrer Kinder zu den Großeltern

unterbinden.

LIEBE ENKELELTERN, WIR MÜSSEN REDEN,

weil Euch offenbar nicht bewusst ist, was Ihr tut, wenn Ihr Eure Kinder von den Großeltern trennt. Denn Euer Schuss geht auch zur anderen Seite los: zu der Eurer Kinder.

In Eurem Ärger, Eurer Wut oder was immer Euch antreiben mag, Eure Kinder von ihren Großeltern zu trennen, übersehet Ihr nämlich, dass Ihr nicht nur Euren Eltern oder Schwiegereltern Schmerzen zufügt, sondern auch Eurem eigenen Nachwuchs. Ihr bestraft Eure Kinder für etwas, was sie nicht verursacht haben.

Macht Euch bewusst, dass der Schaden, den Ihr mit Eurer Entscheidung anrichtet, bei Euren Kindern irreparabel sein dürfte und Ihr (hoffentlich nicht!!!), dafür später vielleicht die Quittung erhaltet.

Vielleicht habt Ihr Eure eigene Beziehung nicht auf die Reihe gekriegt und sucht dafür nun Schuldige. Wisst Ihr, dass jährlich viele tausend Enkeleltern handeln wie Ihr? Sie trennen sich nicht nur vom Partner, sondern, aus welchen Gründen auch immer, ihren Nachwuchs von den Großeltern.

Vielleicht gibt Euch das ein Gefühl der Genugtuung für den Moment, weil Ihr es Euren Eltern oder

Schwiegereltern mal so richtig gezeigt habt. Doch könnte diese Euphorie eines Tages umschlagen und sich gegen Euch wenden. Das soll keine Drohung, sondern die nüchterne Beschreibung einer Sachlage sein, wie Ihr sie mit der Trennung der Enkel von den Großeltern geschaffen habt.

Mit Eurem Nachwuchs geht Ihr meistens so partnerschaftlich um, dass wir Großeltern irritiert sind. Schon Zweijährige dürfen am Brötchenautomaten im Supermarkt alles aufhalten, weil Mama sie zwingt, sich zwischen einem Dinkel- oder Kaiserbrötchen zu entscheiden, und sie dafür die Verantwortung tragen, falls sie – wie in diesem Alter üblich – ein paar Regale weiter, doch lieber Kekse hätten.

Bei Euren Eltern versucht Ihr Ähnliches, jedoch nicht im anti-autoritären oder partnerschaftlichen Stil, sondern mit vorsintflutlichen Erziehungsmethoden: Ihr befehlt – die Großeltern sollen parieren. Tun sie es nicht, drohen weitreichende Konsequenzen.

Und das ist mittelalterlich.

Da ging man mit missliebigen Menschen so um: mittels Folter unterzog man Delinquenten „peinlicher Befragung", half mit körperlichen Schmerzen nach, um sie gefügig oder mundtot zu machen.

Ihr spannt Eure Eltern oder Schwiegereltern in gewisser Weise auch auf die Folter! Auch die Großeltern Eurer Kinder leiden körperlich unter der Trennung. Wenn Ihr ungerührt weiter Salz in die Wunde streut, macht Ihr Euch genauso zum Folterknecht.

Das, was Ihr oft von der heutigen Großelterngeneration einfordert, entspringt den Ansichten von vor fast 200 Jahren.

Davor galt die ältere Generation als nutzlos. Man betrachtete sie als unnütze Esser, als absterbende Altersgruppe, die unnötig Ressourcen verbrauchte. Familien, die bettlägerige alte Menschen zu versorgen hatten, grauste es heimlich vor dem eigenen Altwerden. Alte hatten keine Zukunft, nur eine Vergangenheit. Sie waren auf das Wohlwollen ihrer Nachkommen angewiesen. Zu ihren Enkeln hatten sie kaum Kontakt und wenn, dann keinen emotionalen.

Erst im 19. Jahrhundert drehte sich der Wind der gesellschaftlichen Meinung, das Alter betreffend. Da die Menschen älter wurden galt es jetzt als Familienglück, Großeltern zu haben. Drei Generationen – das war Mainstream. Oma und Opa, stets dunkel gekleidet, zwar hilflos, aber fromm und lieb, wurden von der Gesellschaft zu Instanzen gemacht, vor denen sich Enkel als ebenso fromm, dazu lieb, brav, fleißig und tüchtig zu erweisen hatten. Denn Oma und Opa galten als Wurzeln des Familienbaumes. Die damaligen Print-Medien hatten hohen Anteil an der Verbreitung solch beschaulichen Großelternbildes, das bis heute wirkt.

Im 19. Jahrhundert war es „in", Großeltern vorzuweisen. Kein Familienfoto, kein Familienbild ohne Großeltern. Und hatten die bereits das Zeitliche gesegnet, wurden sie einfach dazu gemalt. Nur so war die Familie komplett und die Welt in Ordnung: mit drei Generationen.

Heute dagegen scheint es schick, sich der Großeltern zu entledigen und dazu braucht es nicht einmal Kenntnisse in Photoshop...

Es klingt nach heiler Welt, Großelterndasein im 19. Jahrhundert, nach nostalgischer Postkartenwelt, doch leider gab es solche Postkartenidylle nur für Großeltern aus bürgerlichen und adligen Kreisen.

Auf dem Land mussten sie zupacken, wurden gebraucht und behielten oft das Heft des Handelns in ihren Händen, bis es nicht mehr ging. Beim städtischen Proletariat musste Oma in Ermangelung einer staatlich organisierten Kinderbetreuung die Jüngsten beaufsichtigen, während die Eltern mit den andern Kindern in der Fabrik schufteten.

Noch unsere Omas und Opas waren im Alter von 70 Jahren körperlich fertig. Fertig von Krieg, Flucht und Vertreibung und den Folgen, fertig nach einem mühseligen Leben. Sie waren keineswegs dynamische, sportliche, fitte Senioren, die sich mit 92 Jahren noch ein Haus bauen, wie der Schauspieler Herbert Köfer, Jahrgang 1921.

Unsere Großeltern entstammten noch den Zeiten, wo alt zu werden, schweigend auf der Bank vor dem Haus zu sitzen und abzuwarten bedeutete.
Doch, und darum haben wir den Ausflug in die Historie unternommen, diese Zeiten sind vorbei. Das müsst Ihr wissen und bedenken!

Schon unsere Eltern, also Eure Großeltern, und das wisst Ihr selbst am besten, entsprachen diesem Bild nicht mehr. Mehrheitlich „genossen" sie ihren Ruhestand. Sie leisteten sich Ferienwohnungen und überhaupt Ferien, sie erhöhten den Umsatz in ihren Lieblingsrestaurants, Pizzerien oder griechischen Lokalen. Sie kleideten sich qualitativ hochwertig, aber altersentsprechend ein.

Kurz gesagt: Sie ließen es sich gut gehen.

Als Kriegskinder glaubten sie, sei dieser Lebensstil die angemessene Wiedergutmachung für Erlittenes. Jetzt sind sie Urgroßeltern.

Wir lassen sie hiermit in Frieden, weil wir mit uns und Euch genug zu tun haben.

Wir sind nämlich eine ganz andere Großelterngeneration, wirklich eine ganz andere. Nach uns kommen die sogenannten „Babyboomer", die den Rentnermarkt nochmal ganz gehörig aufmischen werden.

Vor uns waren die sogenannten „68er". Die meisten sind inzwischen seriöse Väter und Mütter, respektive, Großväter und Großmütter geworden.

Als sie sich damals an der Elterngeneration abarbeiteten, hatte das ganz andere Gründe. Es ging um nationale Schuld, nationales Schuldempfinden und -eingestehen, wovon die meisten Eltern jedes Quäntchen vermissen ließen und sich stattdessen herausredeten, sie hätten nur „Befehle" befolgt.

Nur die wenigsten waren bereit, das Totalversagen eines ganzen Volkes, das Europa und Teile der Welt in Schutt und Asche gelegt hatte, mit schätzungsweise 70 Millionen Toten, einzugestehen. Die Ausreden glichen sich: angeblich nichts gewusst. Solche Dreistigkeit musste die damalige junge Generation ja auf die Straße treiben!

Daheim spielten ihre Eltern die braven Bürger, die ihren Kindern mithilfe von Prügeln das, was „man" zu tun hatte, einbläuten und selber konnten sie nachts nicht schlafen, weil das Kriegsgeschehen sie in Alpträumen heimsuchte. Die Kinder solcher Eltern haben den Grundstein für das heutige Verständnis des Generationenmiteinanders gelegt.

Wir Großeltern von heute tragen nicht mehr dieses Päckchen der direkten Beteiligung an Kriegsverbrechen mit uns herum. Wir sind aufgewachsen unter anderen Bedingungen, haben uns entfalten und frei leben können.

Wir kleiden uns genauso, wie Ihr auch: Tragen Minirock und Jeans, schminken uns und surfen manchmal in Partnerbörsen. Wir haben Handys, Laptops und Tablets, einen Facebook-Account oder sind bei Twitter.

Wir genießen unsern Ruhestand ganz anders als unsere Eltern: treffen uns im Sport- oder Wanderverein, in Karnevalsklubs, interessieren uns fürs Leben im Mittelalter oder gehen Gleitschirmfliegen.

Das alles können wir, weil wir körperlich noch vital sind. Zwar holen auch uns nach und nach manche Zipperlein ein, aber dank fortschrittlicher Medizin, kann man dagegen angehen.

Wir besuchen VHS-Kurse und reisen um die Welt. Wir verlieben uns nochmal und leben unsere Sexualität altersgemäß aus, ohne einen Hehl daraus zu machen. Mit anderen Worten: Wir sind eigentlich nicht anders als Ihr, nur dass wir alles etwas langsamer und vorsichtiger angehen müssen, keine Vollzeiteltern sind und meistens die sechzig überschritten haben.

Wir sind finanziell unabhängiger, als es die Rentnergeneration bis zum Ende des Zweiten Weltkrieges je gewesen ist. Dieses bisschen Wohlstand möchten wir auch genießen.

Anders ausgedrückt: Auch wir möchten, wie Ihr, selbstbestimmt leben. Aber nicht ohne Euch und Eure Kinder.

Wir wollen unserer Verantwortung als Großeltern gerecht werden, aber nicht unter Zwang. Verantwortung muss sich frei entfalten und entwickeln dürfen, auch die großelterliche.

Dafür brauchen wir, wie Ihr Jungen auch, unsere Freiräume. Dafür, wie Großeltern sich gegenwärtig darstellen, gibt es nämlich keine Vorbilder, nichts worauf wir zurückgreifen könnten, wie unsere Großeltern es getan haben.

Weil die Erde sich immer schneller zu drehen scheint, weil die Zeit eine ganz andere geworden ist. Weil weniger die Fabrik, sondern Google & Co. den Lebenstakt vorgeben.

Der Schatz, nämlich Großeltern zu haben, den Ihr dabei seid, despektierlich zur Seite zu schieben, wird anderswo gehütet. Eventuell ist Euch gar nicht bewusst, was Euren Kindern entgeht, wenn Ihr sie von den Großeltern trennt.

Darum erlauben wir uns, Euch darauf aufmerksam zu machen.

LIEBE ENKELELTERN, IHR SEID ALS „SAND-WICHGENERATION"

zwischen Enkeln und Großeltern stärkeren Konflikten ausgesetzt, als die beiden anderen Generationen. Das hat manchmal den Anschein, als wäret Ihr zwischen Mühlsteine geraten und nicht selten mögt Ihr Euch auch so fühlen. Während Ihr erziehen wollt, glauben viele von uns, die Stellenbeschreibung für Großeltern lautet: Verwöhnen, was das Zeug hält, ohne nach rechts und links zu sehen.

Damit wir uns richtig verstehen: Es geht uns hier nicht um Vergehen der Großeltern, die die Strafverfolgung und Gerichte auf den Plan rufen. Uns geht es um den Clinch, der zigtausende Familien betrifft und weswegen Ihr meint, Enkel von den Großeltern trennen zu dürfen.

Da glaubt Ihr, so selbstbestimmt und fortschrittlich zu sein und hängt in Wirklichkeit noch immer an Märchen und Mythen. Der Earl of Dorincourt aus dem Film „Der kleine Lord" ist genauso eine Erfindung wie der Alm-Öhi aus dem Heidibuch. Es gibt heute nicht mehr die Großmutter wie bei Rotkäppchen.

Oder glaubt Ihr, Eure Mutter/Schwiegermutter sei Frau Holle und Ihr als vermeintliche Pech-Marie dürft Euch mal richtig wehren?

Apropos selbstbestimmt.

Ihr scheint da etwas zu verwechseln. Selbstbestimmt zu leben bedeutet niemals, Ich-bezogen zu leben. Selbstbestimmt heißt, seinen eigenen Wünschen und Zielen zu folgen, ohne dass sie von andern, wie beispielsweise den Eltern, Lehrern, dem Partner, der Partnerin, vorgeschrieben werden.

Selbstbestimmt heißt, ganz allein, also selbstständig etwas in Angriff zu nehmen, durchzuziehen, zu versuchen. Selbst-bestimmt bedeutet, selber zu bestimmen, wo es langgeht: Angestelltenverhältnis oder Selbstständigkeit, kreativer oder helfender Beruf. Das bedeutet selbstbestimmt zu leben. Aber niemals bedeutet es, auf Kosten der andern zu leben.

Gerade Eure Generation, liebe Enkeleltern, legt so viel Wert auf Umweltbewusstsein, regionales Essen und recyclebare Kleidung.

Warum seid Ihr nicht genauso behutsam und umsichtig, wenn es um Eure eigenen Kinder und deren Großeltern geht?

Wie Ihr heute mit uns Älteren umgeht, werden morgen Eure Kinder das demografische Problem mit einer immer älter werdenden Gesellschaft zu lösen versuchen.

Bedenkt bitte: Kinder neigen zum Pauschalieren. Beim Streit mit einem von Euch, sind „die Alten" „doof". Beim Clinch mit dem Lehrer, gleich die ganze Schule, bei einer Auseinandersetzung mit einem Erwachsenen werden alle als „hinterm Mond" abgestempelt. Wenn Ihr also Euren Kindern eintrichtert, dass ihre Großeltern schlimm, böse, bescheuert oder sonst was sind, ohne ihnen die Möglichkeit einzuräumen das selbst zu überprüfen und sich eine eigene Meinung zu bilden, werden sie auch hier pauschalieren. Vielleicht sind dann alle Alten verblödet, gemein, verlogen. So etwas nennt man Altersrassismus. Habt Ihr schon mal so weit gedacht?

WEIL IHR BISHER NUR DIE EINE SEITE IM BLICK ZU HABEN SCHEINT,

machen wir Euch hiermit auf die andere aufmerksam: Eure eigenen Kinder.

Für Enkel, die von ihren Großeltern getrennt werden, wird das Leben ärmer und eventuell auch schwieriger. Ihr familiäres Umfeld verkleinert sich, es gibt weniger Bezugspersonen. Damit sorgt Ihr dafür, dass alles, was an Problemen kommt, ausschließlich auf Euch fixiert ist und nicht verteilt werden kann, wo doch eigentlich gilt: Geteiltes Leid ist halbes Leid! Sorgen, Kummer, Not, Ärger, Angst – all das müsst Ihr jetzt allein aushalten, oder es Eurem Kind überstülpen und so seiner Kindheit ein Stück weit die sogenannte „Unschuld" nehmen.

WARUM BRINGT IHR EUREN NACHWUCHS IN LOYALITÄTSKONFLIKTE?

Habt Ihr Euch mal gefragt, in welche Loyalitäts-konflikte Ihr Eure Kinder bringt, wenn Ihr ihnen von jetzt auf gleich den Kontakt mit den Großel-tern verbietet?

Loyalität bedeutet im Grunde, treu zu sein. Illoyale Menschen sind also das Gegenteil davon. In genau diesen Zwiespalt bringt Ihr Euren Nachwuchs: Wen habt ihr lieber, uns Eltern oder die Großeltern? Das ist doch kindisch, um nicht zu sagen, primitiv, un-terste Stufe also.

Kinder verstehen sowieso wenig von dem Erwach-senenquatsch, sie spüren es vielmehr, sie ahnen vielleicht, dass da was im Busche ist, dass Mama und Papa einen Konflikt mit den Großeltern haben. Euer Ärger über Schwiegereltern oder Eltern mag berechtigt sein, dennoch dürft Ihr unter keinen Umständen Euren Nachwuchs involvieren. Oder braucht Ihr von dieser Seite etwa Rückenstärkung? Also bitte, dann kann es nicht weit her sein mit Euren angeblich „stichhaltigen" Gründen.

Wer Kinder in solche Zankereien einbezieht, sie zur Parteilichkeit zwingt, zerstört ihre Seelen genauso wie jemand, der sie mit Gift füttert. Streitereien und Zänkereien sind Gift, nichts anderes, und wenn Ihr mit solcher Atmosphäre Eure Kinder umgebt, müsst Ihr Euch über die Folgen nicht wundern.

Kinder, gerade wenn sie klein sind, tragen ein riesiges Potential an Liebe und Zuneigung in sich, das sie in unerschütterlichem Vertrauen auf alle, die zu ihnen gehören, verteilen: Die Mama, den Papa, die Geschwister, Oma, Opa, (vielleicht im Doppelpack), die Kindergärtnerin, die Lehrerin, die Tante – alle Menschen, die sich in ihrem Lebensumfeld befinden. Später, das wissen wir nur zu gut, ändert sich das.

Als Jugendliche finden sie meistens zuerst die eigenen Erzeuger „unmöglich", „zurückgeblieben" und was sonst noch. Genauso die Lehrer, die Nachbarn und andere Mitmenschen. Merkwürdigerweise sind viele Großeltern davon ausgenommen. Oft sind sie die Einzigen, die noch einen Draht zu dieser Generation haben, sie bleiben Bezugspersonen. Es wäre also sehr kurz gesprungen, diesen Draht zu Euren Kindern beizeiten und bewusst zu kappen.

Wir sind auch nicht von gestern, wir waren auch mal jung, hatten genauso Eltern- wie auch Schwiegerelternprobleme, wie ihr auch. Machen wir uns nichts vor: die Verletzungen, die seitens der älteren Generation den Eltern der Enkel manchmal zugefügt werden, sind nicht von Pappe. Sie tun weh, dringen tiefer ein, als mancher es vielleicht vermutet hätte.

Doch, seid Ihr nicht erwachsen genug?

Könnt Ihr Euch keinen anderen Weg der Be- und Verarbeitung ausdenken als den, uns die Enkel wegzunehmen? So viel ist sicher: das Triumphgefühl, die Position der Stärkeren, all das wird Euch später mal nichts nützen, wenn Euch Eure Kinder fragen, warum Ihr so und nicht anders gehandelt habt. Warum Ihr ihnen eine Loyalität aufgezwungen habt, zu der sie noch gar nicht fähig waren, bei der sie sich weder selbst entscheiden noch ein Wörtchen mitreden durften.

Darum ermutigen wir Euch: lasst Eure Kinder weiter zu den Großeltern, Euer Nachwuchs wird sich ein eigenes Urteil bilden und das wird sich vermutlich nicht mal gegen Euch richten. Denn Kinder haben feine Antennen. Sie spüren, ob Oma wirklich eifersüchtig ist auf Mama, weil die ihren „Lieblingssohn" geheiratet hat. Und sie werden es äußern, sie werden nicht hinterm Berg halten. Oma, wenn sie ungerecht war und böse, kriegt ihr „Fett" ab, und das wird ihr gar nicht gefallen.

Schlägt jemand hart mit dem Kopf auf, stößt das Gehirn gegen die Schädelwand. Je nach Schwere braucht es einige Zeit, sich davon zu erholen.

Wenn Ihr Euren Kindern eine einseitige Loyalität aufzwingt, erschüttert Ihr ihre Gefühlswelt, vergleichbar einer Gehirnerschütterung. Doch helfen hier weder Ruhe noch ein Krankenhausaufenthalt. Verschleppte oder verkannte, also nicht ausgeheilte Gehirnerschütterungen haben oft bleibende Schäden zur Folge. Genauso ist es mit der Erschütterung einer kindlichen Gefühlswelt. Da Euch das Wohl Eures Nachwuchses bestimmt am Herzen liegt, solltet Ihr einmal in diese Richtung weiterdenken.

Zugegeben, auch Großeltern benehmen sich nicht immer fein und klug. Sie poltern oder zeigen Kindern wie Schwiegerkindern ihre eigene Unzufriedenheit auf unangenehme Weise. Dennoch, wir werden nicht müde, es zu betonen, ist das ein Konflikt zwischen Euch, Euch Erwachsenen. Lasst die Kinder bitte außen vor! Sollten Oma oder Opa ein derartiges Entgegenkommen aber missbrauchen und Eure Kinder gegen Euch aufhetzen, dürft Ihr ihnen ruhig die Grenzen aufzeigen, ohne sie gleich mit Enkelentzug zu bestrafen.

Im Film „Der kleine Lord" stößt die Mutter des kleinen „Ceddie" ihrem Schwiegervater unverblümt Bescheid, als sie sich persönlich begegnen. Sie sagt ihm auf den Kopf zu, was sie von ihm hält, doch entzieht sie ihm sein Enkelkind nicht. Sie verlangt sogar, dass der Junge nicht in diesen Konflikt hineingezogen wird. Natürlich heldisch verbrämt, darf dieses Kind seine eigenen Gefühle aufspüren und die Zuneigung zum Großvater entwickeln. Dennoch, ein Quäntchen Lehrstoff dürft Ihr daraus ruhig nehmen: Hier stellte jemand, die Mutter, ihre eigenen Befindlichkeiten zurück, um ihrem Sohn eine unbeschwerte Entwicklung zu ermöglichen.

Wisst Ihr eigentlich, dass es inzwischen Beratungsstellen gibt, wo solche Konflikte mit Hilfe eines Mediators besprochen werden können? Um Eurer Kinder willen, nutzt solche Angebote! Versucht alles von Eurer Seite aus menschenmögliche, damit den Kindern nicht auch noch die Großeltern genommen werden, wenn sie vielleicht schon den Papa oder die Mama an einen anderen Partner verloren haben.

MIT LÜGEN LEBEN

Warum sind die Großeltern, die das Enkelkind noch gestern aus der Kita abholten, plötzlich böse? Warum darf das Enkelkind auf einmal nicht mehr beim Vorbeigehen winken? Argumente, wie: „Das verstehst du nicht!" Oder: „Weil die böse sind", sind keine. Auch Mama und Papa sind manchmal nicht gut zu leiden, Kinder würden sagen, böse, aber mit denen müssen die Kleinen nach wie vor Umgang pflegen und sie weiter lieb haben. Wie sollen sie das zusammenbekommen bzw. auseinanderhalten?

Solltet Ihr versuchen, mit einem Lügenkonstrukt Enkel und Großeltern auseinanderzubringen, könnte das irgendwann zusammenbrechen. Hoffentlich nicht, wenn Ihr gerade darunter steht, Verletzungen wären die Folge.

Belügt Eure Kinder nicht, indem Ihr ihre kleinen Seelen durcheinanderbringt, weil sie plötzlich eingetrichtert bekommen, dass die Großeltern ganz böse Menschen sind.

„Aber ich muss doch mein Lego-Haus fertig bauen", könnte Euer Dreijähriger entgegnen, schließlich hat er es gestern noch mit Opa begonnen, musste dann aber leider unterbrechen, weil es zu spät wurde. Dass Ihr ihm jetzt einen viel größeren Lego-Kasten schenken werdet, wird ihn kaum zufriedenstellen. Nicht das Lego-Haus ist für ihn das Entscheidende, sondern, dass Opa daran mitgebaut hat. Wenn Ihr so einen Opa zur Un-Person erklärt, wird das Euer Kind nicht verstehen.

Mit älteren Kindern kann man ohnehin nicht mehr so umspringen, denn sie bilden sich heutzutage sehr schnell eine eigene Meinung. Manchmal auch zu Ungunsten der eigenen Eltern. Darum seid klug und überlasst manches dem Lauf der Zeit.

Ihr habt es nicht nötig, mit Lügen, Über- oder Untertreibungen Euch Eure Eltern oder Schwiegereltern vom Hals zu halten und aus Rache an ihnen, dem Nachwuchs den Umgang zu verbieten.

Vielmehr vertraut auf die gesunde Urteilsfähigkeit Eures Nachwuchses. Die wissen schon bald, wie Erwachsene ticken und wem sie mehr vertrauen können. Und wenn die plötzlich sagen, sie wollen nicht mehr zu den Großeltern, dann könnt Ihr es getrost als Selbstläufer betrachten und die Enkel bitten, es ihnen selbst beizubringen. Ohne Lügen und Täuschungen.

Ansonsten lernt damit zu leben, dass Eure Kinder neben Euch auch die Großeltern ganz innig lieben.

DIE EIGENEN WURZELN KENNEN

Bildet Euch nicht ein, dass es möglich ist, die eigenen Wurzeln so einfach zu kappen. Es wäre fast, als würde der Baum seine Krone vom Stamm trennen, weil die Krone auf diese Weise besser weiterzuleben hofft. Beide werden eingehen.

Entwurzelte Menschen sind haltlose, getriebene Menschen, die schwer oder gar nicht ihren Platz im Leben finden. Dabei wäret Ihr auch noch auf Euch allein gestellt, denn den Einfluss der Großeltern habt Ihr ja unterbrochen. Diese Last zu tragen dürfte sehr schwer werden. Wir möchten dabei nicht in Eurer Haut stecken!

Macht Euch nichts vor, irgendwann wollen Eure Kinder wissen: Wer bin ich? Woher komme ich?

Die eigenen Wurzeln zu kennen, hilft zur eigenen Identitätsfindung. Damit zusammen hängen auch Selbstfindung und Selbstbewusstsein. Selbstbewusste Menschen widerstehen leichter, wenn es um Süchte geht. Ihr wollt doch, dass Eure Kinder zu verantwortungsvollen und verantwortungsbewussten Menschen heranwachsen? Dann macht es ihnen in diesen ohnehin nicht einfachen Zeiten nicht noch schwerer, indem Ihr ihnen die Wurzeln kappt. Als erwachsene Menschen dürfen wir Euch darauf aufmerksam machen, dass „nobody" perfekt ist. Keine Familie ist ideal, niemand hat ausschließlich positive Eigenschaften.

Versucht da bitte mal ganz objektiv zu sein, die Schwiegerfamilie ist nicht durchweg „unmöglich" und Eure Herkunftsfamilie nicht durchweg „perfekt". Das gibt es nämlich nicht. Licht und Schatten, Gut und Böse, das macht Leben aus.

Überlegt erstmal, bevor Ihr Eure Eltern oder Schwiegereltern so absolut abzustempeln versucht, ob es nicht doch etwas ausgewogener geht? Glaubt uns, Eure Kinder verstehen es sehr wohl, wenn Ihr ihnen andeutet, dass Erwachsene manchmal Konflikte haben, die nichts mit ihnen zu tun haben.

Bei einer Scheidung oder Trennung kriegen das die meisten von Euch doch auch hin, dem Nachwuchs glaubhaft zu versichern, es habe nichts mit ihnen zu tun, sie würden gleichermaßen, trotz allem, von Papa und Mama geliebt. Warum seid Ihr nicht in der Lage, in solche Argumentation Eure Schwiegereltern oder Eltern einzubeziehen?

BETRÜGT EURE KINDER NICHT UM IHRE VER-GANGENHEIT UND DAMIT UM EIN STÜCK ZU-KUNFT

Wenn Ihr Eure Kinder von uns Großeltern trennt, betrügt Ihr sie um ihre Familiengeschichte. Eure Eltern bzw. Schwiegereltern kannten noch Menschen, die es längst nicht mehr gibt. Sie können noch von dem Onkel, der Tante und anderen erzählen, die Eure Kinder auf den Familienfotos in den alten Fotoalben entdeckt haben. Eure Eltern wissen nicht nur Namen und Daten, sie kennen auch Zusammenhänge und Hintergründe.

Wir jetzigen Großeltern haben, Gott sei Dank, keinen Krieg mehr erleben müssen. Die Hungersnot unmittelbar nach Kriegsende kennen wir auch nur vom Hörensagen. Aber wir haben noch in Ruinen gespielt und ein bisschen was mitbekommen, wenn unsere Väter, es war nicht viel, aber immerhin, von ihren Front- und Kriegserlebnissen erzählten. Wir gehören zwar zu den später Geborenen, doch kennen wir indirekt auch die Folgen von Flucht und Vertreibung. Die Gesamtheit des Geschehens hat uns zu Verfechtern von Frieden, Freiheit und Demokratie werden lassen. Die meisten von uns sogar zu überzeugten Europäern. Nicht, weil man es uns in der Schule so gelehrt hat, sondern weil wir, geprägt durch unsere Eltern und Großeltern, indirekt an diesem Erleben teilhatten.

Nicht nur solche Erlebnisse prägen ein Familiengedächtnis, auch gute, herausragende, entscheidende. Vielleicht gibt es in Eurer Sippe eine öffentlich bekannte Person, vielleicht tragt Ihr sogar einen „großen Namen", wie es in der gleichnamigen SWR-Sendung heißt?

Geistiges Familienerbe muss beileibe keine Last sein. Aber in jedem Fall muss recht damit umgegangen werden. Dazu können wir Großeltern beitragen. Wir wollen und können Euch helfen, Familiengeschichte recht aufzuarbeiten und sie angemessen zu interpretieren.

Nur wer seine Vergangenheit wahrhaben will, wird in der Zukunft gut bestehen.

Wir haben im Laufe unseres Dienstes viele Menschen erlebt, die alles „anders" und „besser" machen wollten und dabei ignorierten, was vor ihnen war. Jeder ist kläglich gescheitert.

Entfernt Ihr Euch vom Stammbaum, mutiert Ihr zur sogenannten „Bohnenstangenfamilie". Stangenbohnen wachsen rankend und gradlinig an einem Gitter empor, während Bäume ausladende Kronen mit vielen Verästelungen tragen. Stangenbohnen werden nach einer Saison geerntet und im nächsten Frühjahr neu gesteckt. Immer wieder von vorne beginnen, warten und bangen, ob die Ranke ausreicht, dass Bohnen daran wachsen.

Solche Probleme haben Bäume nicht. Sie halten auch im Winter durch und schlagen im Frühjahr neu aus, ohne frisch gepflanzt werden zu müssen. Sie müssen nicht von vorne beginnen, sondern wachsen einfach weiter, machen weiter an der Stelle, wo sie im Herbst aufhören mussten.

Wäre doch gut, Teil eines solchen Baumes zu sein. Nur wer seine Wurzeln kennt, versteht, welche geistigen, symbolischen, religiösen und mythischen Vorstellungen ihn geprägt haben. Aufgrund solchen Wissens lassen sich manche eigenen Entscheidungen besser verstehen bzw. fällen.

GROßELTERN WERDEN VON IHREN ENKELN MEISTENS ALS LIEBEVOLL UND UNENTBEHR-LICH EINGESTUFT,

seid Ihr etwa eifersüchtig auf uns? Wenn Ihr mal Großeltern seid, könnt Ihr Euch das genauso erlauben: Euer Enkelkind an der sogenannten „langen" Leine zu führen.

Das soll nicht heißen, dass wir unsere generationelle Stellung missbrauchen, die Enkel umzubiegen. Denn wir sind nicht Eure Gegenspieler, im Gegenteil. Wir wollen Euch nicht in den Rücken fallen, sondern Euch selbigen stärken. Auch dadurch, dass wir Euren Nachwuchs ein wenig „verwöhnen". Dazu bedarf es gar nicht fragwürdiger Taktiken, wie, einen Vegetarier mit Fleischwurst zu füttern, damit das Kind endlich mal was „Anständiges" zu essen bekommt.

Zum Verwöhnen braucht es ein unerschöpfliches Maß an Vertrauen und Liebe, Annahme und Anteilnahme. Mehr nicht. Das können und wollen wir Euren Kindern geben. Seid doch froh darüber!

WIR GROßELTERN SIND DA, WENN MAN UNS BRAUCHT

Ausnahmen bestätigen zwar die Regel, aber die meisten von uns sind da, wenn wir gebraucht werden. Die meisten von uns verfügen ja auch über entsprechende Zeitpuffer. Viele von uns haben Zeit im Überfluss und teilen diesen gerne mit den Enkeln: Miteinander basteln, wandern, etwas entdecken.

Daraus erwächst ein füreinander. Füreinander da zu sein heißt, Verantwortung zu übernehmen. Auch Enkel sorgen sich in Corona-Zeiten um ihre Großeltern.

Das Miteinander führt zu einem voneinander. Wir können voneinander lernen, die Großeltern – gerade in digitalen Zeiten – von den Enkeln. Und die Enkel vieles von der älteren Generation. Ein Geben und Nehmen, ein Erfüllendes dazu. Vertrauen wird gestärkt und Empathiefähigkeit.

Jugendliche, die auf diese Weise eine soziale Einstellung erwarben, haben es bei Bewerbungen auf jeden Fall leichter, denn viele Firmen legen heutzutage großen Wert auf derartige Kompetenzen.

EURE KINDER VERLIEREN MENSCHEN, DIE IN JEDER LEBENSLAGE STOLZ AUF SIE WÄREN

Großelterliche Liebe und Zuneigung ist nun mal unerschütterlich und meistens einseitig. Von „Objektivität" kaum eine Spur. Denn Großeltern wollen beschützen, behüten, beschirmen. Ihnen ist oftmals die schnelllebige Welt fremd geworden. Sie haben ihre eigenen vier Wände zu einem Nest ausgebaut, das jedem Zuflucht bietet.

Bei Oma und Opa kann das Enkelkind seinen ersten Liebeskummer ausweinen oder seinen Ärger über ein geplatztes Jobangebot. Oma und Opa werden stets auf seiner Seite sein. Es tut so gut, ein wenig zu verschnaufen, innerlich zur Ruhe zu kommen und sich neu zu sortieren. Ohne Kommentare auf Facebook, aber bei Omas Gemüsesuppe und später in Opas Hobbykeller oder seinem Gewächshaus. Ein Stückchen heile Welt leben und erleben, um sich danach, innerlich gestärkt, seinen Problemen zu widmen.

Und siehe da, plötzlich löst sich der Knoten wie von selbst, kommt die entscheidende Idee oder bekommt man den entscheidenden Hinweis. Alles, weil man sich eine kurze Auszeit bei Oma und Opa nehmen konnte.

DAS, WAS EURE KINDER BEI DEN GROßELTERN LERNEN, KOSTET EUCH KEINEN CENT!

Plätzchen ausstechen zu Weihnachten, Pudding kochen ohne schwarze Kruste am Topfboden, Umgang mit Hammer und Zange und noch viel mehr – all das können Eure Kinder gratis, so ganz nebenbei, bei Oma und Opa lernen. Denn Großeltern sind keine AG oder Einrichtung für Nachhilfestunden, sie sind ganz einfach Oma und Opa, der ältere Teil der Familie, der sich gerne auf die Enkel einlässt.

Es geht beim Umgang mit den Großeltern ja nicht nur um technische und haushälterische Dinge. Schon das Miteinander verschiedener Generationen ist ein Erlebnis an sich mit entsprechendem Wert.

Eure Kinder lernen hier von klein auf den Umgang mit älteren Menschen.

Auch wenn Oma Minirock trägt und Opa die Haare mit einem Gummi zusammenbinden muss, sind sie doch nicht mehr ganz so fit und flink wie die Kleinen. Das bedeutet für Eure Kinder, Rücksicht zu nehmen und zu lernen. Von klein auf an. Weil es ohne gegenseitige Rücksicht im Leben nicht geht.

Auch dieser Lerneffekt wäre gratis und geschähe so ganz nebenbei, denn alle Enkelkinder wollen ihre Großeltern „beschützen". Sie nehmen sie an die Hand und haben selbst das Gefühl, den älteren Menschen zu führen. Das stärkt ihr Selbstbewusstsein und hilft ihnen, Verantwortung zu lernen. Sie kümmern sich um Oma und Opa. Das ist wichtig für sie und ihre Entwicklung. Eine Entwicklung, die Euch später mal zugutekommen könnte.

GEGENSÄTZE ZIEHEN SICH AN

Wir Großeltern sind stehen am Ende der Familienbiographie, Eure Kinder genau am anderen, dem Anfang. Das bedeutet, zweierlei Sicht auf die Welt. Das bedeutet, Diskussionen und Gespräche. Hoffentlich Dispute auf Augenhöhe. Seine eigenen Ansichten klären und verteidigen. Kompromisse finden und Toleranz üben. Wir wären die richtigen Ansprechpartner dafür, „kulturelles Kapital" nennen uns Fachleute. Dieses Kapital dürfen weder wir noch Ihr verspielen!

Eure Kinder werden, wollen, dürfen und sollen Fehler machen und daraus lernen. Das auszuhalten, verlangt eine Menge guter Nerven. Wir wären bereit dazu. Weil wir gelassener mit Misserfolgen umzugehen wissen, weil uns das Leben gelehrt hat, dass vieles wieder zurechtkommt, weil wir wissen, wie es sich anfühlt, ausgetretene Pfade verlassen zu müssen.

Wir kennen Trennungsschmerz (leider fügt Ihr dem ja noch einen ganz schlimmen hinzu), wir kennen das Gefühl des Scheiterns, wir wissen, wie man sich fühlt, wenn man ausgelacht wird. Wir kennen die Bandbreite des Lebens und möchten unsere Enkel, Eure Kinder, daran teilhaben lassen.

NICHT NUR WIR GROßELTERN, AUCH UNSERE ENKEL SEHNEN SICH NACH EINER FRUCHTBAREN BEZIEHUNG.

In Afrika gibt es das Sprichwort: Um Kinder zu gebären, braucht es eine Person, um ein Kind großzuziehen, braucht es ein ganzes Dorf. Anders ausgedrückt: Viele Bezugspersonen sind nötig, damit aus Eurem Nachwuchs selbstbewusste Persönlichkeiten werden. In diesem Fall „verderben" die vielen Köche nicht den sprichwörtlichen Brei, im Gegenteil, sie machen ihn erst richtig „schmackhaft".

Beleidigter Rückzug vom Rest der Familie ist für die Enkelgeneration deswegen nicht nur nicht hilfreich, sondern sogar schädigend.

Wir Menschen sind nun mal soziale Wesen, geschaffen, miteinander in Austausch zu treten, Gemeinsames zu erleben, uns aneinander zu reiben oder abzuschleifen. Lob und Tadel, Freude und Leid, Ärger und Erfolg – all das sind Facetten unseres menschlichen Lebens und Miteinanders. Wer das zuerst im Familienverband erfährt, wird sich auch in der Schule, Lehre, an der Uni und später im Job, behaupten.

Darum ist es so wichtig, dass Kinder in einigermaßen intakten Beziehungen aufwachsen, dass ihr Beziehungsnetz nicht zerstört wird, irgendwer irgendetwas wegschneidet oder abbindet. Ein Netz bietet nur dann Halt, wenn es vollständig ist und gespannt werden kann. Ansonsten könnt Ihr es vergessen.

Ein Netz, aus dem Ihr die Großeltern herausgenommen habt, ist nun mal nicht vollständig, auch wenn Ihr die Großeltern durch gute Freunde oder andere Verwandte zu ersetzen versucht. Wir Großeltern bleiben im Familiengefüge etwas Einzigartiges, das durch nichts zu ersetzen ist. Ihr könnt solche Löcher höchstens dann notdürftig „stopfen", wenn die Großeltern verstorben sind. Dann aber hat der Lauf der Zeit, das Leben eben, das Netz beschädigt, was von den Enkeln eher akzeptiert werden wird, als wenn sich die Eltern von den Großeltern trennen.

WOZU EINE ERSTE REIHE, WENN MAN KEINE ZWEITE HINTER SICH HAT?

Großeltern sind die Generation, die angehalten ist, sich im Hintergrund zu halten. Die Nachhut, die Rückendeckung für die junge Generation. Sie geben Euch die Gewissheit: Hinter uns ist noch jemand, hinter uns gibt es noch eine Generation. Eltern und Enkel sind Teil eines Gefüges, das von der Großelterngeneration stabilisiert wird. Hängt Ihr diese Stabilisatoren einfach ab oder sperrt sie aus, ist niemand mehr hinter Euch. Keine Rückenstärkung, keine Hilfe im Hintergrund, nichts. Ihr seid allein, steht mit dem Rücken zur Wand!

Und kommt uns jetzt nicht mit Gegenargumenten, wie: Wir haben ja noch die andern Eltern, Geschwister, Freunde. Wollt Ihr die ganze Last auf den übrig gebliebenen Großeltern abladen?

Geschwister und Freunde sind stets und immer eine willkommene Hilfe und ein Zeichen, dass Ihr Euch ein funktionierendes Beziehungsgeflecht geschaffen habt. Aber sie sind keine Großeltern. Sie müssen genauso knüppeln wie Ihr, um ihren Lebensstandard zu halten, bei ihnen geht es häufig um: Ich helfe dir, du hilfst mir. Verpflichtung also, sonst könnt Ihr Euch die Freundschaft in die

Haare schmieren. Wer immer nur geben und bringen und helfen soll, fühlt sich am Ende ausgenutzt und lässt Euch im Regen stehen.

Nicht so Großeltern. Ihr Einsatz ist uneigennützig bzw. für Eure Kinder gedacht. Großeltern wollen, dass es ihren Enkeln gut geht, und das erreichen sie, indem sie auch Euer Wohlergehen fördern, Euch helfen und beistehen – nicht unbedingt darauf aus, dass Gleiches mit Gleichem vergolten werden muss.

Es ist nun mal nicht wegzudiskutieren, Großeltern sind keine Geschwister, Freunde aus Unizeiten oder Kollegen. Großeltern sind Großeltern, ihren Stand kann niemand sonst im Familiengefüge einnehmen. Ihr braucht Euch also keine Gedanken über einen eventuellen Ersatz zu machen: Es gibt keinen.

FELS IN DER BRANDUNG

Vielleicht liegt Ihr gerade in Scheidung oder habt soeben eine Trennung hinter Euch. Vielleicht ist auch ein neuer Partner, eine neue Partnerin bei Euch eingezogen. Eventuell habt Ihr Stress in der Firma. Alles Anlässe, sein eigenes Umfeld in Unruhe zu versetzen.

Die Kinder machen Ärger, der Vermieter und die Lehrer stehen auf der Matte, die besten Freunde ziehen sich zurück. Ihr habt das Gefühl, unversehens in einen Löwenkäfig geraten zu sein.

Weil die Kopf-in-den-Sand-Methode ja denkbar ungeeignet ist, sucht Ihr nach Schuldigen und bohrt gleich mal das Brett an der dünnsten Stelle: bei Euren Eltern oder Schwiegereltern. Ihnen hat Eure Partnerwahl ja nie so richtig geschmeckt, vielleicht haben sie es auch mehrmals lautstark bekundet. Sie sind auch schuld an Eurem beruflichen Desaster, schließlich habt Ihr diesen Beruf nur ergriffen, weil sie...

So ließe sich der Faden elterlicher Verantwortung immer weiter spinnen, bis hin zu Eurer Geburt, denn wer ist „schuld" daran, dass Ihr überhaupt existiert? Na bitte!

Bevor Ihr gleich wieder in Aktionismus verfallt, überlegt doch mal einen Moment, ob es nicht sehr unreif und pubertär wäre, den Eltern an allem die Schuld zu geben, bis hin zum Wetter. Natürlich haben wir Eltern Fehler gemacht, manchen davon würden wir gerne ungeschehen machen, manches lässt sich nicht wiedergutmachen.

Wir müssen damit leben, genauso wie Ihr.

Wäre es nicht ein Ausdruck von Verantwortung und Erwachsensein, von Reife, wenn Ihr für das, was Euch gerade passiert, selber Verantwortung tragt, anstatt die, die Euch jetzt gerne zur Seite stünden, zur Seite zu schieben? Es ist geradeso als würde einer den Felsen, auf den die Schiffbrüchigen zusteuern, im letzten Moment in die Luft jagen, weil seine unterirdischen Ausläufer das Schiff zum Kentern brachten.

Wut, vor allem blinde, unreflektierte Wut, ist kein guter Ratgeber oder Antrieb für weiteres Handeln. Lasst Euch gesagt sein, die die Euer Dilemma vielleicht ungewollt mitverursachten, werden Euch bedingungslos zur Seite stehen, damit Ihr ganz schnell wieder auf die Beine kommt.

UND ZUM SCHLUSS …

Leider seid Ihr, rein rechnerisch gesehen, im Vorteil, denn immer mehr Großeltern kommen auf immer weniger Enkel.

Mit Recht ärgert Ihr Euch, wenn Eltern oder Schwiegereltern ungefragt in der Tür stehen und sich ungefragt einmischen, weil sie ja nur „helfen" wollen und es „gut" gemeint haben. Dann macht eine klare Ansage, holt Euch den Pastor, die Schwester, Freundin oder sonst wen dazu und redet miteinander, aber trennt Eure Kinder nicht von diesen merkwürdigen, alten Menschen, die ihre Großeltern sind!

Lasst Euch gesagt sein, die meisten von uns sind gar nicht so beratungsresistent. Aufgrund unserer autoritären Erziehung gelingt es uns nur manchmal nicht so richtig, uns auf ein partnerschaftliches Miteinander einzulassen.

UND GANZ ZUM SCHLUSS:

Keine Sorge, auch Euren Eltern sagen wir, was zu sagen ist, aber in einem gesonderten Buch. Sie werden sich bemühen, alles in ihrer Macht stehende zu tun, das Verhältnis zu Euch wieder zu verbessern.

Wie wäre es, wenn Ihr ihnen ein bisschen entgegenkommt? Nicht ihretwegen, aber um Eurer Kinder willen?

WARUM WIR UNS TRAUEN, EUCH EINIGES INS STAMMBUCH ZU SCHREIBEN

Wir sind seit über vierzig Jahren gerne miteinander verheiratet, haben vier erwachsene Kinder, Schwiegerkinder und zwei Enkel. Wir sind, so gesehen, eine ganz normale Familie, mit allem, was dazu gehört, bis auf den Pastorenberuf des Vaters, denn jede Pastorenfamilie ist in den Beruf des Vaters bzw. der Mutter mithineingenommen.

Auf der einen Seite hat es das Leben unserer Kinder sehr bereichert, doch manchmal war es für sie nicht leicht, die Erwartungen der Kirchengemeinde zu erfüllen. Dieses Konglomerat aus Herkunftsfamilie, aufwachsen in Kirchengemeinden und der Herausforderung, den eigenen Weg zu finden, hat sie zu erwachsenen, verantwortungsvollen Menschen gemacht und ihnen nicht geschadet. Berufsbedingt mussten wir und unsere Kinder lernen, uns nach jeder Versetzung neu zu orientieren und Beziehungen zu knüpfen. Das hat uns sensibel gemacht für die Nöte unserer Mitmenschen. Als Pastorenehepaar haben wir in den Jahrzehnten unserer Arbeit viel Beziehungsleid und –stress miterlebt.

Wir sind beide zertifizierte Paarberater für die „Vorbereitung und Stärkung von Paarbeziehungen".

Wir sind zertifizierte Seelsorger für Krisenintervention.

Reinhard ist zertifizierter Mentor, hat Weiterbildungen für Trauerberatung und Vergebung besucht.

Marianne hat an Weiterbildungen für Radiojournalismus teilgenommen und ein Fernstudium für Autoren absolviert.

Wir haben über zehnjährige Erfahrung in Selbsthilfearbeit mit Schwerpunkt Lebensberatung.

Wir haben mehr als zehnjährige Erfahrung in der Großelternarbeit.

Seitdem wir im Ruhestand sind, nehmen wir ständig an qualifizierten Weiterbildungen teil, die über Hochschulen, Institute oder Akademien angeboten werden oder an Fachtagen des Landesseniorenrates. Wir engagieren uns ehrenamtlich in der Seniorenarbeit unseres Heimatkreises und unseres Bundeslandes Baden-Württemberg.

Wir haben ein herzliches Verhältnis zu unsern Enkeln, weshalb wir uns trauen Euch, liebe Enkeleltern, ein paar offene Worte zu sagen. Bei unsern Vorträgen und Seminaren erleben wir zunehmend das Leid vieler Großeltern, die von den Enkeleltern einfach kalt gestellt werden und keine Kontakte mehr zu ihren Enkeln haben dürfen.

Keine Frage, dass auch Großeltern sich und ihre Einstellungen gerne verändern dürfen. Dafür haben wir die GroßelternAkademie gegründet. Wir empfehlen Euch, liebe Enkeleltern, auch unsere anderen Publikationen. Ihr werdet merken, dass wir keine Seite schonen oder verschonen.

Deshalb unsere herzliche Bitte:

Trennt Eure Kinder nicht von ihren Großeltern!

Marianne und Reinhard Kopp

Publikationen der *E*dition GroßelternAkademie

Marianne und Reinhard Kopp

Typisch Oma, typisch Opa?!

Wir Großeltern von heute

Wetten, dass Ihnen manche Seite des Großeltern-daseins noch gar nicht bewusst war? Wissen Sie, was eine „Küchen-Oma" ist oder ein „Mitreißer-Opa"? Sie wollen für die Enkelfamilie gerne da sein, aber nicht vereinnahmt werden? Weil Sie sich zurückhalten, werfen Ihnen die Kinder Ignoranz vor? In unserm Ratgeber zeigen wir Ihnen, wie Sie den Spagat zwischen Enkelfürsorge und eigenem Lebensanspruch schaffen.

396 Seiten
12,99 EUR
ISBN 9-783749-471973

Miteinander, füreinander, voneinander

Wir christlichen Großeltern von heute

Ein Großelternratgeber, der sich vor allem an christliche Großeltern wendet. Wir beschäftigen uns u.a. mit dem biblischen Generationenbegriff, mit Wertewandel, aber auch mit geistlichem und sexuellem Missbrauch. Auch vom Klimawandel und seinen Folgen, sowie der Stärkung des Umweltbewusstseins ist die Rede. Es geht uns um ein erfüllendes, fruchtbares Miteinander der Generationen in Familien und Kirchengemeinden.

300 Seiten
9,99 EUR
ISBN 9-783751-997324

Mein liebes Enkelkind

Manche Oma, mancher Opa denkt nicht nur an sein Enkelkind, sondern hinterlässt ihm auch gerne ein schriftliches Vermächtnis. Dafür haben wir dieses Großeltern-Tagebuch gemacht. Auf 366 Seiten gibt es von uns für jeden Tag einen Impulssatz zur Großelternschaft. Um Ihnen das Schreiben zu erleichtern, schlagen wir täglich Themen vor, wie: Was ich dir gerne zeigen/ erzählen würde u.a.

Ein Buch für stille Stunden der Erinnerungen.

52 Seiten
3,99 EUR
ISBN 9-783750-403321

Das ABC für Großeltern

Von A wie Achtsamkeit bis Z wie Zurückhaltung geht es für Großeltern munter durch das Alphabet. Ein paar Tipps und neue Blickwinkel zeigen, wie aufregend und perspektivreich großelterliches Leben sein kann.

68 Seiten
3,99 EUR
ISBN 9-783748-120216

Coole Großeltern

Wie müssen Großeltern sein, um bei den Enkeln als „cool" zu gelten? In diesem Büchlein verraten wir es Ihnen. Anhand verschiedener Lebenssituationen zeigen wir, wie Sie bei Ihren Enkeln noch mehr punkten können.

52 Seiten
3,99 EUR
ISBN 9-783750-403321

Neugier aufs Dessert

Keine geringere als Königin Silvia von Schweden hat den Satz geprägt: „Enkelkinder sind der Nachtisch des Lebens". Dieses und andere Zitate bedeutender Menschen haben uns bei diesem Buch inspiriert. Herausgekommen sind interessante, lesenswerte Impulse für Großeltern.

96 Seiten
4,99 EUR
ISBN 9-783751-997317

In Vorbereitung

Wissen Großeltern alles besser?

Wenn Großeltern meinen, alles besser zu wissen, wird es schwierig für Enkeleltern. Wie Wissen als wichtiger Schatz von den Generationen bewahrt und genutzt werden kann.

Verlassen – verstoßen

Wenn Großeltern von ihren Enkeln getrennt werden. Es geht u.a. um Verlustbewältigung, Kommunikation, Enttäuschungen, Einsamkeit, Scham, Vergebung, Lebensinventur.

Ein Arbeitsbuch für Betroffene.

Über die GroßelternAkademie

Als wir uns mit der Geburt unseres ersten Enkelkindes auf die Suche nach Großelternschaft in post-industriellen Zeiten der Globalisierung und Digitalisierung begaben, ahnten wir nicht, wie spannend diese Reise sein würde. Wie es scheint, haben wir noch eine ansehnliche Wegstrecke vor uns, denn ständig „springen" uns neue Themen an, mit denen wir uns gerne auseinandersetzen, weil wir selbst davon profitieren.

Wir publizieren nicht nur, sondern halten auch Vorträge, Seminare und Workshops zu verschiedenen Aspekten der Großelternschaft, wobei wir auch sehr viel von unseren Zuhörern lernen und ihre Anregungen gerne aufnehmen.

Informieren Sie sich unter
ww.grosselternakademie.de

oder schreiben Sie uns:

info@grosselternakademie.de

.